Criptovaluta 2021-2022

Consigli di Commercio e Strategie di Investimento per Principianti

STELLAR MOON PUBLISHING

Disclaimer

Introduzione

L'ultimo crollo di Bitcoin

Non può essere sfuggito a nessuno: Bitcoin ha subito dei colpi pesanti. Come ogni mercato finanziario, il trading di Bitcoin è guidato dalle emozioni.

O meglio, gli investitori di criptovalute sono guidati dall'emozione e i recenti tweet di Elon Musk stanno causando un sacco di FUD ("Fear, Uncertainty, Doubt"). Completamente inaspettato, ha attaccato Bitcoin sul consumo di energia da combustibili fossili e sull'impronta di carbonio.

Nonostante il fatto che questa storia sia stata sfatata molte volte, la gente è molto sensibile a questo, e quando una così grande celebrità grida qualcosa, la maggior parte delle persone ci crede immediatamente e la paura si raccoglie intorno. Cosa significa questo per il prezzo del Bitcoin e delle altre criptovalute?

Stellar Moon Publishing ha compilato questo libro per offrire una visione dei migliori consigli e strategie di trading per il 2021. Questo libro è stato scritto da un gruppo di esperti di criptovalute. Con questo libro, ci sforziamo di fornirti le migliori informazioni curate sul trading e sugli investimenti in criptovalute.

Proprio mentre il prezzo del Bitcoin stava recentemente rimbalzando, la paura si è imposta e la deflazione è stata significativa. Il vantaggio è che ora spiccano i veri livelli di supporto solido. Nonostante tutto il panico: la barriera dei 30.000 dollari non sembra essere rotta a breve. Nemmeno Elon può abbatterla così tanto!

Nel frattempo, la maggior parte delle criptovalute alternative vede una corsa al rialzo in questo momento.

Dal momento che sono più attraenti in termini di consumo di energia, potrebbero essere l'alternativa al Bitcoin per il valore di scambio a lungo termine.

Queste monete che potrebbero avere una prospettiva futura stabile sono Cardano **(ADA)**, Stellar Lumens **(XLR)**, Ripple **(XRP)**, Solana **(SOL)**, EOS **(EOS)** e Tron **(TRX)**.

In questo libro parleremo di più su come funzionano queste singole monete, perché Bitcoin rimarrà forte nel futuro a lungo termine e perché queste monete alternative potrebbero diventare una parte sostanziale del mercato delle criptovalute.

Il prezzo di Cardano non aspetta che gli investitori comprino il ribasso

Per iniziare con un po' di anteprima, il [5] maggio 2021, Cardano è uscito da un modello ascendente che si era formato negli ultimi mesi. Il breakout è avvenuto con un notevole salto nel volume di mercato. Questo ha segnato un cambiamento di tendenza per l'altcoin. Questa moneta aveva mostrato poca azione di prezzo negli ultimi due mesi. Nonostante l'enorme crollo delle criptovalute causato da Elon Musk, ADA sta resistendo alla grande. Infatti, il prezzo è aumentato del 6% di recente.

Un crollo ancora più grande nel mercato delle criptovalute è l'unica cosa che potrebbe impedire una spinta verso i 2,27 dollari.

Intorno a $1.57 si trova un supporto significativo per Cardano in futuro. Più persone compreranno una volta che vedranno che un punto di prezzo più alto sembra stabilizzarsi. Pertanto, non c'è alcuna possibilità che il prezzo scenda molto oltre questo livello.

Gli schemi di pompaggio e scarico sono più popolari che mai

Con monete come Dogecoin, Shiba coin e Safemoon che dominano il mercato delle criptovalute in termini di profitti di investimento, si dovrebbe trarre una lezione

sul fatto che seguire e comprare in tendenze puramente
basate sulla quantità di denaro che potrebbe essere
fatto in un breve periodo è più rischioso che mai.

Indice

I nostri libri

Dai un'occhiata al nostro altro libro per saperne di più sugli NFT, il trading e la vendita di NFT, come trarre profitto e i consigli e le strategie essenziali per un inizio a prova di fallimento nell'universo NFT.

Unisciti all'esclusivo circolo editoriale di Stellar Moon!

Avrai accesso immediato alla mailing list con gli aggiornamenti dei nostri esperti ogni settimana!

Iscriviti qui oggi:

https://campsite.bio/stellarmoonpublishing

Schemi di pompaggio e scarico

Non è mai una buona idea seguire senza cervello l'hype di una moneta a caso, solo perché la gente sostiene di aver fatto enormi profitti durante la notte.

Questo indica generalmente verso un "classico" schema di pump and dump, che significa che al fine di ottenere un profitto massiccio con una moneta cripto, utilizzare l'influenza di notizie, blog cripto, youtuber e altri influencer, piattaforme di social media come Reddit e Facebook per aumentare il prezzo di una moneta apparentemente casuale.

L'idea generale di questo è di comprare in anticipo e scaricare la quantità di monete comprate quando il prezzo sale di 1000 volte.

È facile riconoscere questo schema perché le affermazioni sono di solito in una tendenza come segue:

Il prezzo di lancio casuale di shitcoin è di $ 0,000001 con l'affermazione che se questa moneta salirà a $ 0,001, si farebbe circa 1000x profitto.

Queste affermazioni su monete casuali che stanno per scoppiare sono su internet; Tiktok, Instagram, Facebook e Reddit pullulano di pubblicità pagate e non pagate riguardanti schemi di pump and dump.

Tutto questo significa semplicemente che chiunque ci sia dentro, può ottenere profitti massicci, a patto di convincere un numero sufficiente di persone a comprare l'hype.

Gli influencer vengono pagati per spingere queste informazioni.

Può pagare fino a $ 25.000 per post se sei un influencer disposto a promuovere uno di questi schemi. Perché se costruisci un numero decente di seguaci, c'è una maggiore possibilità che la gente compri qualsiasi cosa tu abbia da dire loro.

E come consumatore di contenuti, e come qualcuno che sta cercando di comprare il prossimo hype, il pensiero critico è la vostra migliore risorsa.

Dogecoin

Il primo esempio di un pump and dump con l'influenza dei social media, è quello che Elon Musk ha fatto con Dogecoin e Bitcoin, un paio di tweet e menzioni su entrambe le monete, e come probabilmente avete visto nelle ultime notizie, il prezzo di Bitcoin e Dogecoin sale, e lui ha comprato in, soprattutto in Bitcoin, prima di iniziare la voce, probabilmente ha fatto un miliardo di profitti dal semplice menzionarlo in un tweet, come ha recentemente causato un crollo del prezzo del Bitcoin.

Elon Musk è un uomo intelligente in questo senso, seguire la sua strategia di investimento, dove compra una massiccia quantità di Bitcoin, sostenendo che la sua azienda Tesla, ora accetterà pagamenti Bitcoin per le auto e spinge il prezzo con un margine enorme, un massimo storico di oltre 60.000 dollari.

E non molto dopo, Elon Musk sgancia una bomba, dicendo a internet che l'estrazione di Bitcoin è terribile per l'ambiente, il che significa che ha venduto al punto di prezzo più alto, guardando il crollo del mercato, e creando un nuovo punto di ingresso per le persone a comprare.

Ha iniziato a twittare su Dogecoin all'inizio di aprile, con il prezzo di partenza intorno a 0,05 dollari, e il 16 aprile, il prezzo ha raggiunto un massimo storico di 0,39 dollari.

È seguito un breve calo, la moneta è scesa di nuovo a 0,19 dollari il [23] aprile e poi ha continuato a risalire verso un nuovo massimo di 0,71 dollari il [5] maggio, seguito da un altro calo con il prezzo attuale a 0,50 dollari.

Non c'è molto da dire sul futuro di Dogecoin perché sembra una specie di scherzo. Elon Musk ha dimostrato in passato di essere un grande fan della cultura di internet, e avere una valuta come Dogecoin, governare il mercato finanziario non è altro che uno scherzo elaborato.

Quindi, se ti senti fortunato, potresti comprare su Dogecoin e prendere la scommessa che raddoppierà il prezzo nel prossimo futuro, ma qualsiasi successo è interamente basato sulla fortuna con una moneta che ha il suo prezzo basato sulla speculazione. Quindi, in sostanza, investire in certe criptovalute è un po' un azzardo.

Una buona regola generale, se si è disposti a giocare d'azzardo con gli schemi di pump and dump, è quella di comprare quando iniziano le voci e iniziare a vendere quando arriva la notizia principale.

Dal momento che il prezzo salirà rapidamente ogni volta che una moneta di tendenza colpisce i canali di notizie principali, significa anche che un sacco di persone che hanno acquistato in anticipo, utilizzare questo momento per incassare, vendere la moneta e ottenere il profitto, causando un calo del prezzo quasi immediato quando un gran numero di monete vengono vendute su uno qualsiasi dei mercati.

Ciò significa che se non hai informazioni solide su quando questo dump avverrà, sei destinato a perdere la tua puntata, se sei in ritardo. Dal momento che le criptovalute sono decentralizzate, sono fondamentalmente impossibili da regolare finché le informazioni escono e fanno tendenza.

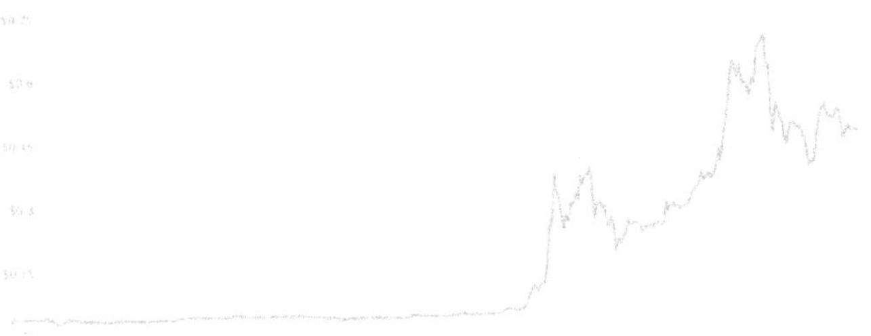

Valore intrinseco delle criptovalute

Non comprare monete nuove o relativamente sconosciute come investimento a lungo termine se non mostrano alcun valore intrinseco.

Quindi, un solido consiglio sarebbe quello di sapere in cosa si compra, sapere se si tratta di una cosiddetta "shitcoin", una truffa di marketing che la gente usa per far salire il prezzo, o se la moneta ha un reale valore applicativo.

Per esempio, Ripple (XRP) mira a diventare la prossima rete globale di pagamenti per le istituzioni finanziarie. Se si seguono le notizie intorno a Ripple, è un po' più facile prevedere cosa farà il prezzo, in questo momento hanno una quota del 40% nel sistema di pagamenti transfrontalieri dell'Asia e lavorano duramente per solidificare il loro futuro come strumento finanziario.

In questo momento, la creazione di una nuova moneta richiede circa 5 minuti se si vuole creare uno schema di pump a dump. Il prossimo passo sarà il marketing, assicurati che la gente sappia che la tua moneta sarà la prossima che li renderà ricchi e guadagna interesse su internet.

Questa moneta deve essere una moneta che non ha bisogno di una prova di lavoro come fa Bitcoin, come spiegato nel capitolo **"Il valore intrinseco di Bitcoin"**.

Quindi, se vuoi iniziare una moneta da solo, fare una copia di una moneta esistente che non richiede alcuno sforzo per il commercio e l'avvio, probabilmente potresti trovare un tutorial per impostare questo su YouTube.

Chiamate la nuova moneta con parole chiave come sicuro, o andare sulla luna, come il famigerato Safemoon, affermate che sta per scoppiare, e fate in modo che il maggior numero di persone possibile abbia bisogno di tenersi quella moneta perché li renderà ricchi. Preferibilmente implementando una tassa pesante se vogliono venderla.

Pubblica un white paper sulla tua moneta; un white paper è una spiegazione di come funziona la moneta, come comprarla e altre informazioni vitali per ottenere l'interesse degli investitori.

Per uno schema di pump and dump, questo sarebbe idealmente una carta che sostiene una sorta di tassa di transazione che viene pagata ai detentori di monete. L'idea dietro questa tassa di transazione che viene pagata agli altri possessori di monete è quella di creare un senso di sicurezza per i potenziali investitori.

Se una nuova persona compra delle monete e convince i suoi amici a comprare delle monete, tutti sembrano trarre profitto da un tale sistema. Vogliono creare l'illusione che se si ottiene il maggior numero possibile di persone a comprare quella moneta, tutti diventano ricchi.

Tuttavia, una parte cruciale che lo renderebbe possibile è che la moneta ha bisogno di valore intrinseco. Se hai bisogno di comprare e tenere la moneta per guadagnare valore, sarà scoraggiante venderla per i dollari perché in sostanza il prezzo scenderebbe.

E in parole povere, è un sistema morto se il valore deve provenire da persone che devono comprare. Quel sistema indica solo che, una volta che abbastanza persone hanno comprato, i proprietari e i grandi detentori di monete possono vendere, far scendere il valore di quella moneta mentre le altre persone che non sono coinvolte nel momento della vendita subiscono una perdita.

Per metterlo in un esempio;

Se la persona A compra 10 monete e hai una tassa di transazione del 10%, 1 moneta di queste monete viene divisa tra gli altri possessori di monete, quindi se ci sono 10 possessori di monete a questo punto, tutti loro otterrebbero 0,1 monete da quella transazione.

Molte delle monete truffa che vengono promosse in questo momento, vantano un tipo di sistema simile a quello spiegato nell'esempio, promettendo che esploderanno in valore se abbastanza persone

comprano e tutti ottengono una quota quando
qualcuno compra.

Se avete prestato attenzione e letto tra le righe, avreste
fatto la conclusione che questo è l'equivalente in
criptovaluta di uno schema piramidale.

Safemoon e Shiba Inu: progetti di truffa?

Per quelli di noi che hanno seguito il mercato delle cripto per un po', sappiamo che la corsa al toro del 2017 e del 2018 è stata accompagnata da una sfilza di monete che non solo erano volatili come Bitcoin, ma anche come il giorno in cui Bitcoin si è schiantato.

Questi progetti truffa, o shitcoins come alcuni li chiamano, danno alle criptovalute una cattiva reputazione, ma sembra essere una buona parte dell'industria come nuova tecnologia. Con tutto il clamore che circonda Bitcoin ed Ether, dobbiamo tenere a mente che anche una varietà di monete più piccole aumenterà di valore.

Come abbiamo spiegato in precedenza, gli schemi di pump and dump come il famigerato Safemoon, sono fondamentalmente l'equivalente in criptovaluta di uno schema piramidale.

Con la rapida ascesa della moneta Shiba, molte persone si stanno chiedendo se un crollo è imminente. Come Binance ha annunciato recentemente, i primi portafogli #1, #2 e #5 contengono rispettivamente il 50,5%, il 7,0% e il 3,0% dell'offerta totale, il che normalmente sarebbe estremamente preoccupante, ma in questo caso è una storia ancora più strana.

Gli sviluppatori di Shiba Inu hanno inviato il 50% dei loro token al fondatore di Ether Vitalik Buterin al momento del lancio.

Siamo un po' positivi sulla moneta Shiba al momento, ma sembra che a causa del falso senso di sicurezza, si crei una situazione con una bassa soglia per rischiare il proprio denaro.

Prevediamo che questa moneta sarà anche molto volatile e probabilmente vedrà un futuro come uno dei migliaia di progetti di pump and dump.

Binance ha anche elencato SHIB nella loro Inovation Zone, rendendo possibile l'acquisto di Shiba Inu attraverso lo scambio (che può essere fatto solo dopo aver compilato un questionario).

Tuttavia, Safemoon ha attualmente oltre 1,9 milioni di utenti, ma Binance si rifiuta di ascoltarlo. Mentre il CEO Changpeng Zhao ha detto in precedenza che quando un progetto ha un gran numero di utenti, lo ascolteranno. Ci sono più utenti Safemoon che a Shiba, inoltre Safemoon ha fornito un numero record di transazioni sulla Smart Chain di Binance.

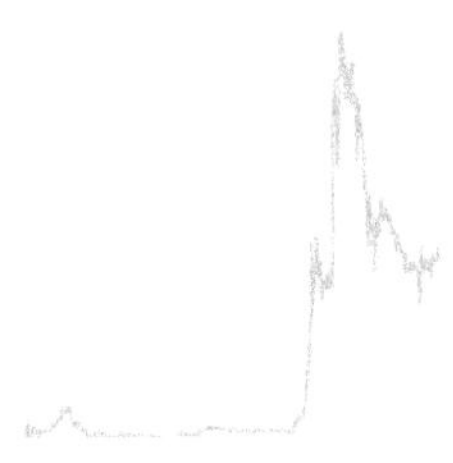

Il valore intrinseco del bitcoin

Bitcoin ha un valore intrinseco nella sua transazione. Una transazione Bitcoin è un calcolo, e facendo quel calcolo si ottiene una ricompensa, un blocco, un Bitcoin, da qui il motivo per cui si chiama blockchain. Poiché ogni transazione Bitcoin è un calcolo che consiste in ogni altro calcolo (costituito da transazioni precedenti) che porta alla transazione.

Quindi, dal momento che Bitcoin è in uso dal 2009, queste innumerevoli transazioni hanno portato al punto in cui ci vuole una quantità immensa di potenza di calcolo per completare una transazione. Fare questi calcoli si chiama mining, ed è un business in cui il mining di Bitcoin richiede più elettricità di un piccolo paese a questo punto.

Per far crollare completamente il Bitcoin, la gente dovrebbe smettere di scambiarlo in un momento in cui una transazione costerebbe troppo per calcolarla. Quindi questo principio assicura il futuro a lungo termine del Bitcoin finché la gente lo usa per commerciare.

Inoltre, Bitcoin è stata la valuta fondamentale del mercato nero perché i proprietari di Bitcoin non possono essere rintracciati attraverso i dettagli del conto personale come avere un conto bancario, quindi Bitcoin può essere usato per comprare qualsiasi cosa al di fuori della legge.

Non c'è nessuna banca o istituzione finanziaria che tenga i dettagli del conto e le informazioni personali dei proprietari di Bitcoin. E se vuoi mantenere la tua privacy con la quantità di Bitcoin che possiedi, si consiglia di tenerlo in un portafoglio fisico come il Trezor One.

Quindi, al fine di mantenere le vostre transazioni il più possibile fuori dalla rete, assicuratevi di utilizzare un percorso anonimo di acquisto dei vostri Bitcoin, e teneteli fuori dalle piattaforme di trading che richiedono dettagli personali per poterli utilizzare.

Privacy nel trading di Bitcoin

Le piattaforme di trading per Bitcoin potrebbero richiedere l'accesso ai dettagli personali per poter utilizzare quella piattaforma, soprattutto perché alcuni governi vogliono tracciare queste transazioni.

La piattaforma Binance è sotto inchiesta in questo momento per frode fiscale e riciclaggio di denaro da parte del governo degli Stati Uniti, semplicemente perché il governo degli Stati Uniti vuole tracciare chi fa trading e chi possiede cosa su queste piattaforme.

Hanno anche offerto alle piattaforme di pagare per i dettagli personali, e anche se molte piattaforme di trading di criptovalute sostengono di avere una perfetta privacy dei clienti, non sarebbe la prima volta, che hanno venduto i dati personali a terzi. Ci sono anche alcune voci che alcune piattaforme vendono al governo, ma nulla può essere detto con certezza.

Bitcoin è stato costruito per decentralizzare il valore. Per quanto il passato possa insegnarci, il denaro governa il mondo, e se controlli grandi somme di denaro, hai un potere quasi infinito.

È vera anche un'altra regola, che il denaro corrompe indefinitamente, il denaro è stato la causa dell'avidità, dell'egoismo e della povertà in tutto il mondo ed è nelle mani di una percentuale molto piccola di persone.

Bitcoin può essere usato per destabilizzare la riserva di valore globale se abbastanza persone lo comprano. Il sistema bancario classico è costruito sull'inflazione nell'attuale sistema economico e se abbastanza denaro fluisce nel mercato delle criptovalute, destabilizzerà l'inflazione del denaro regolare.

Le banche usano il denaro che la gente immagazzina per investire in qualsiasi cosa ritengano redditizia; hanno anche usato una buona parte di quel valore per creare prestiti come i mutui.
Ma a questo punto devono continuare a stampare denaro per far funzionare il sistema, perché più prestiti significano meno valore effettivo del denaro. E se si mette il valore accanto all'attuale flusso globale di denaro, è una gigantesca bolla di credito destinata a scoppiare.

Perché il bitcoin è un solido investimento a lungo termine

Questa bolla di credito mostra perché Bitcoin è un investimento così solido per il futuro a lungo termine. Con il valore totale di scambio di Bitcoin in dollari in questo momento, l'intero mercato di Bitcoin è valutato a un impressionante $846.019.261.238,40, o detto brevemente, 846 miliardi di dollari.

Così, Bitcoin ha raggiunto un valore di quasi 1 trilione di dollari, e si sta avvicinando a superare il dollaro, che ha circa 1,2 trilioni di dollari nel mondo.

Per mettere il mercato delle cripto in prospettiva, la capitalizzazione totale del mercato è valutata a 2,2 trilioni di dollari.

Considera che l'estrazione di Bitcoin diventerà esponenzialmente più difficile, richiedendo più potenza di elaborazione e più elettricità nel corso del tempo finché il Bitcoin sarà usato. Un altro fatto importante per il valore del Bitcoin è che la quantità di Bitcoin è finita, il che significa che ad un certo punto nel tempo l'ultimo Bitcoin sarà estratto, e si stima che ci vorranno più di 100 anni.

Questo significa che il prezzo del Bitcoin non è affatto vicino al prezzo che sarà tra 20 o più anni e con l'attuale tasso di inflazione, è una riserva di valore estremamente desiderabile a lungo termine.

È un dato di fatto che il dollaro si gonfierà di più, sembra che debba arrivare ad un crollo ad un certo punto, poiché ad un certo punto renderà semplicemente i prezzi irragionevolmente alti, rendendo il dollaro più privo di valore nel corso del tempo.

Potete vederne la prova nei prezzi dei materiali grezzi come il legno in questo momento. Questi prezzi sono alle stelle, e stanno lentamente iniziando a destabilizzare il mercato immobiliare.
La causa di ciò sta nel fatto che Donald Trump ha messo un massiccio aumento delle tariffe d'importazione sul legno dalla Cina nel 2020, creando una situazione in cui gli Stati Uniti comprano tutto il legno dall'Europa, facendo salire immensamente il prezzo.

Questo fa sì che ristrutturazioni, nuove abitazioni e altri progetti che richiedono grandi quantità di legno stiano diventando molto più costosi, tanto da influenzare i prezzi sul mercato immobiliare in questo momento.

Le case sono state più care che mai in Europa, al punto da iniziare a causare problemi in altri mercati.

Questo significa che le banche devono concedere un mutuo molto più grande per una casa più piccola di 10 anni, il che contribuirà solo ad allargare la bolla del credito e il suo effetto in ogni aspetto dell'economia.

L'attuale carenza di chip

Il più grande contributore alla conservazione del valore in Bitcoin è la carenza di chip, Bitcoin è uno dei fattori trainanti dei chip che diventano più preziosi e a causa della maggiore domanda porta a un prezzo gonfiato e alla carenza.

Una delle speculazioni è che Elon Musk ha causato il crollo perché la carenza di chip sta influenzando anche la produzione di auto Tesla. Quindi, sconvolgendo il prezzo di mercato di Bitcoin, sconvolge il mercato delle attrezzature per il mining di Bitcoin, questo potrebbe potenzialmente creare un po' di spazio nel mercato dei chip.

Uno spazio molto necessario per altri produttori che in un modo o nell'altro si occupano di chip e semiconduttori.

Ma la certezza rimane che la difficoltà del mining di Bitcoin aumenterà finché esisterà il commercio di Bitcoin, chiedendo di più al mercato dei chip, e aumentando i prezzi delle attrezzature necessarie per il mining di Bitcoin.

Il quantum computing non avrà impatto sul mining di Bitcoin

In poche parole, studi recenti, fatti da Louis Tessler e Tim Byrnes, hanno dimostrato che l'informatica quantistica non può fare Bitcoin mining in modo più efficiente degli attuali modi di Bitcoin mining. Quindi, la prova di lavoro del mining di Bitcoin ha un futuro molto stabile nell'attuale ambiente informatico senza alcuna minaccia che possa rendere obsoleta la prova di lavoro nel mining di Bitcoin.

Quindi, in conclusione, e tenendo conto di tutti questi diversi fattori, può essere una mossa molto intelligente per la crescita di un capitale a lungo termine per investire una quantità mensile di denaro in Bitcoin, che normalmente si risparmierebbe in banca regolare.

Strategie di investimento in criptovalute

Una buona strategia da applicare per detenere Bitcoin o altre criptovalute è quella di investire solo denaro di cui non si ha bisogno a breve termine. Bitcoin per esempio, nel suo stato attuale è ancora estremamente volatile, e se si segue il suo corso da vicino, e aspettandosi solo la crescita, si potrebbe essere in per un rollercoaster emotivo.

Questi sono 5 passi per una strategia di investimento Crypto di successo

Passo 1: Decidere quanti soldi vuoi investire

Il primo passo per un investimento di successo in criptovalute è sempre quello di determinare l'importo dell'investimento. Solo quando sai quanto vuoi investire in criptovalute, puoi iniziare a sviluppare una strategia appropriata per questo. Per esempio, se si vuole investire solo una piccola somma, allora può essere utile scegliere le altcoin un po' più economiche su cui si è fatta abbastanza ricerca. È fondamentale capire che valore ha la moneta all'interno del sistema finanziario.

Se avete più budget, allora investire in Bitcoin, per esempio, potrebbe essere un'opzione. Pertanto, determina sempre l'importo dell'investimento in anticipo e assicurati di non discostartene in seguito. Può essere molto allettante investire sempre più risparmi in criptovalute.

Anche se in alcuni casi questo può essere intelligente (per esempio quando non hai bisogno dei risparmi e vedi belle opportunità di investimento), è comunque importante mantenere sufficienti risparmi in valuta normale. In questo modo, in caso di emergenza, non è necessario iniziare immediatamente a vendere criptovalute per poter finanziare le spese necessarie (inaspettate).

Passo 2: Determinare la strategia di investimento appropriata

Nell'investire in criptovalute, ci sono molte strategie diverse immaginabili. Per esempio, puoi scegliere di investire a lungo termine o a breve termine. Quale strategia sia più adatta a te dipende interamente dalla tua situazione personale. Possibili fattori che possono influenzare la scelta della strategia sono, per esempio, per quanto tempo vuoi investire il denaro, quanto tempo vuoi investire tu stesso (giornalmente o settimanalmente) nella tua criptovaluta e quanta conoscenza hai già sulle criptovalute.

Ci sono generalmente due strategie che puoi seguire quando investi in criptovalute. La prima strategia è quella di tenere le monete per un lungo periodo di tempo al fine di massimizzare i profitti. La seconda strategia è il cosiddetto day trading, in cui si acquistano le criptovalute con l'obiettivo di rivenderle a breve termine.

Ci sono generalmente due strategie che puoi seguire quando investi in criptovalute. La prima strategia è quella di tenere le monete per un lungo periodo di tempo al fine di massimizzare i profitti. (investimento a lungo termine) La seconda strategia è il cosiddetto day trading, in cui si acquistano monete criptovalute con l'obiettivo di rivenderle a breve termine.

Fissate i vostri obiettivi

Il trading di azioni o criptovalute è un grande gioco tra "Bulls" (compratori) e "Bears" (venditori). Un gruppo scommette che il prezzo scenderà mentre allo stesso tempo l'altro gruppo scommette che il prezzo salirà. All'interno del Crypto Trading, si possono fissare approssimativamente due obiettivi:

1. **Raccogliere più Bitcoin:** scambiando Altcoin contro Bitcoin, ti assicuri di ottenere sempre più Bitcoin in tuo possesso. Le persone che scelgono questa opzione confidano nel fatto che il Bitcoin diventerà molto più prezioso nel lungo periodo, quindi vogliono impostare più Bitcoin possibile.

2. **Collezionare più valute Fiat (come euro, dollari e altro):** Scambiando Bitcoin o Altcoin contro Euro, per esempio, puoi assicurarti di possedere sempre più Fiat. Questo gruppo di persone usa il Bitcoin come qualsiasi altra unità negoziabile. Quindi, non credono nel valore sottostante, ma soprattutto trovano interessante la volatilità della moneta.

A lungo termine o a breve termine?

Le basi del trading e dell'investimento sono semplici: comprare criptovalute quando il prezzo è basso e venderle quando il prezzo è alto. Questo è anche chiamato "lungo" in termini di trading.
Puoi anche fare esattamente il contrario, vendere le tue criptovalute quando i prezzi sono alti e ricomprare quando il prezzo è sceso. Questo è anche chiamato "Short" in termini di trading.

Chiunque inizi a fare trading, fondamentalmente prende sempre una posizione "lunga". Si compra Crypto e la si vende quando il prezzo è più alto. Le posizioni corte sono usate principalmente da trader esperti che usano anche la leva finanziaria. Tuttavia, lo sconsigliamo ai principianti, in quanto può portare a perdere i propri soldi molto rapidamente.

Passo 3: trovare le monete in cui vuoi investire

Scegliere criptovalute interessanti, soprattutto all'inizio, è probabilmente uno dei passi più difficili. Quando è interessante investire in una valuta? Quando è meglio non investire in una valuta? Se tu conoscessi le risposte a queste domande, saresti un milionario in poche ore. Sfortunatamente, nessuno conosce la risposta a queste domande con certezza al 100%, quindi in un certo senso rimane sempre un azzardo. ma grazie a questo libro hai ottenuto una maggiore comprensione del perché Bitcoin può essere un investimento sicuro nel lungo periodo e come puoi perdere i tuoi soldi velocemente entrando in uno schema di pump and dump senza una conoscenza preliminare.

Quindi, acquisendo abbastanza conoscenze sulle monete in cui si vuole investire, si può davvero fare una buona previsione. Naturalmente, è sempre intelligente diffondere le opportunità. Pertanto, non investire mai in un solo tipo di criptovaluta, ma distribuisci il tuo deposito almeno su 2 o 3 monete diverse. Naturalmente, è anche vero che acquisire conoscenze rimane un processo continuo. Non è quindi possibile dire ad un certo punto di avere una "conoscenza sufficiente" delle monete e poi non fare ulteriori ricerche.

Passo 4: Il momento giusto

Se vi siete documentati per un po' su specifiche monete, probabilmente avete già un'idea del momento di acquisto ideale per voi. Per determinare il momento di acquisto ideale, è in ogni caso saggio analizzare attentamente i prezzi degli ultimi tempi. Spesso c'è un chiaro schema da vedere nell'andamento dei prezzi di specifiche valute. Inoltre, è anche importante determinare il momento della vendita.

Quando vendi di nuovo le monete? Il momento della vendita è diverso per tutti. Dipende interamente dal valore di vendita di cui saresti soddisfatto. Anche se il momento della vendita è diverso per tutti, è sicuramente saggio determinare in anticipo a quale valore di prezzo hai intenzione di vendere la tua criptovaluta. Naturalmente, nessuno alla fine ti costringerà a venderla per quel valore, ma ti dà qualcosa a cui aggrapparti nel mondo incerto delle criptovalute.

Passo 5: chiedere aiuto

Soprattutto quando si sta appena iniziando a investire in criptovalute, ci sono molte cose che non si sanno ancora esattamente. Anche se c'è un'enorme quantità di conoscenza da trovare su Internet, può essere sicuramente utile chiedere aiuto agli esperti di tanto in tanto.
Sempre più consulenti finanziari possono fornire ottimi consigli per investire in criptovalute. Naturalmente, è importante essere critici quando si sceglie un consulente finanziario. I costi sono spesso elevati, ma i giusti consulenti finanziari specializzati in criptovalute non costano nulla in pratica. Essi forniscono molto più profitto rispetto al costo della consulenza che si sta spendendo.

Alla Stellar Moon Publishing, lavoriamo con un certo numero di consulenti che possono fornirti consigli appropriati per sviluppare una strategia redditizia per i tuoi investimenti in criptovalute. Controlla le opzioni di contatto sul retro del libro e facci sapere se hai bisogno di aiuto per il tuo approccio.

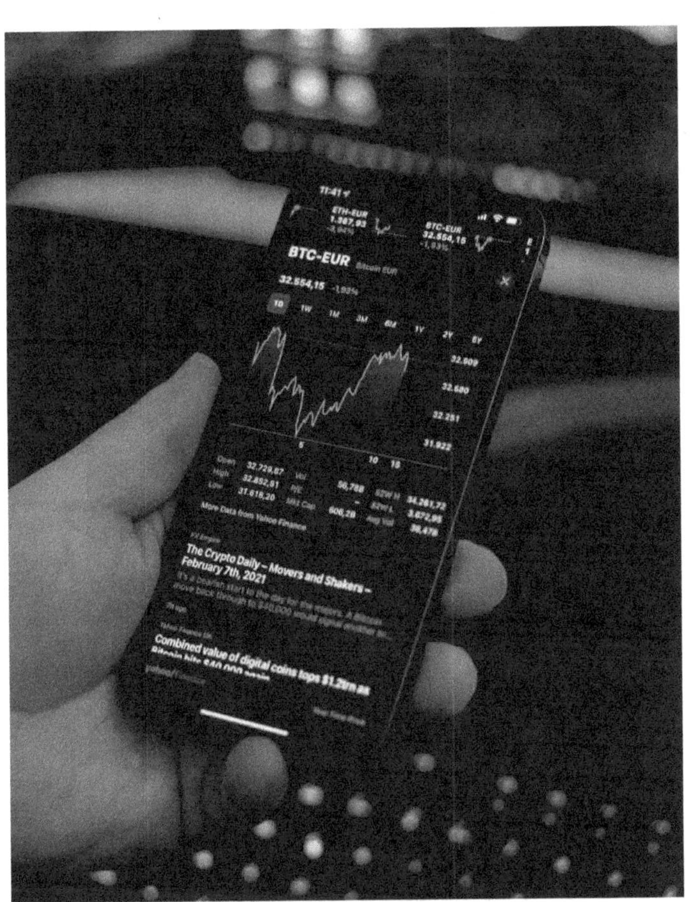

Consigli essenziali per il successo delle criptovalute

Le regole della sicurezza sono scritte nel sangue. Questa è un'affermazione che ogni soldato che serve il suo paese conosce bene. Anche se qui non stiamo discutendo il rischio per la vita umana, è estremamente sconveniente perdere i tuoi preziosi Bitcoin a causa di errori fatti mentre stai facendo trading e investendo in criptovalute.

Date ad ogni transazione una ragione.

Inserisci solo una **posizione di trading**; *un prezzo al quale vuoi vendere o comprare la tua moneta.*

Se sai perché vuoi vendere o comprare e quindi hai una strategia chiara in mente.

Non tutti i trader di criptovalute possono realizzare un profitto perché questo è un gioco a somma zero (dove tu realizzi un profitto, qualcun altro dall'altra parte perde).

I grandi detentori di monete (chiamati anche Balene nel mondo delle criptovalute) guidano il mercato alt & Bitcoin - sì, le stesse "balene" responsabili di comprare e vendere centinaia di Bitcoin alla volta.

Le balene aspettano pazientemente che piccoli investitori ignari come noi facciano un errore di trading.

Anche se vuoi fare trading ogni giorno, a volte è meglio non fare nulla che buttarsi nell'acqua impetuosa e rischiare perdite significative. Alcuni giorni, puoi guadagnare di più non facendo nulla!

Stabilire obiettivi chiari e sapere quando è necessario fermarsi

Per ogni **posizione di trading** che vuoi prendere, devi definire un preciso livello di obiettivo di profitto e, cosa più importante, un livello di stop-loss per limitare le perdite.

Fissare un obiettivo di stop-loss significa determinare la massima perdita che può essere accettata prima di chiudere la **posizione di trading**.

Diversi fattori devono essere considerati quando si decide un livello di stop loss. La maggior parte dei trader fallisce perché si "innamorano" della loro posizione, nel senso che le monete che detengono sembrano salire di prezzo, o si aspettano che non crolli più in basso, e non vogliono vendere e prendere il profitto/perdita, o si innamorano della criptovaluta stessa.

Il che significa che non importa cosa, si sceglie di tenere quella moneta a vita. "Sono sicuro che cambierà, salirà e uscirò da questa posizione con una perdita minima", si dicono. Hanno permesso al loro ego di dominarli.

Rispetto al mercato azionario tradizionale, dove il 2-3% di volatilità è considerato estremo, le transazioni cripto sono molto più rischiose: non è raro che una criptovaluta perda l'80% del suo valore in poche ore. E certamente non vuoi essere quello che ci si aggrappa!

Essere consapevoli della FOMO

Ti presento FOMO, che sta per "Fear of Missing Out". Non è divertente essere fuori a guardare quando una specifica moneta è pompata come un matto con enormi guadagni in pochi minuti.

Quella lunga barra verde ti implora di comprarla, dicendoti: "Sei l'unico che non sta beneficiando di questo, quindi comprami! A questo punto, noterete anche che molte persone e gruppi su Reddit, Telegram e altre piattaforme possono parlare solo di questa pompa.

Quindi, cosa dobbiamo fare? È molto semplice: rimanere sobri. È vero, il prezzo può continuare a salire, ma tenete a mente che le balene (menzionate sopra) stanno semplicemente cercando piccoli commercianti a cui vendere le loro criptovalute.

Che hanno acquistato ad un costo inferiore. Il prezzo è salito, ed è chiaro che la moneta è ora nelle mani solo di pochi piccoli commercianti. Inutile dire che quando la moneta viene scaricata in grandi quantità, il passo successivo è di solito una caduta del prezzo in rosso vivo.

Valutazione dei rischi

"I maiali ingrassano; i maiali vengono macellati". Questa citazione racconta la storia del profitto dal punto di vista del successo. Per diventare un trader di Crypto redditizio, non dovresti mai cercare gli estremi. Cercate piccoli profitti che si aggiungeranno ad uno grande.

Il rischio dovrebbe essere gestito saggiamente in tutto il vostro portafoglio. Per esempio, non dovresti mai investire più di una piccola parte del tuo portafoglio in un mercato non liquido (altamente volatile). Daremo a queste posizioni più margine di manovra e i livelli di stop e target saranno impostati lontano dal livello di acquisto.

Le criptovalute vengono scambiate con Bitcoin

Questa attività sottostante causa la volatilità del mercato: la maggior parte degli altcoin sono scambiati contro Bitcoin piuttosto che contro valuta fiat (come euro o dollari). Vedi anche: Qual è la differenza tra criptovaluta e moneta fiat?

Bitcoin è estremamente volatile rispetto a quasi tutte le valute fiat, e questo fatto dovrebbe essere considerato, soprattutto quando il prezzo di Bitcoin fluttua drammaticamente.

Era comune nei primi anni che Bitcoin e altcoin avessero una correlazione inversa, il che significava che quando Bitcoin saliva, i prezzi delle altcoin scendevano rispetto a Bitcoin e viceversa. Tuttavia, la correlazione è diventata meno chiara dal 2018. In ogni caso, quando il Bitcoin è volatile, le condizioni di trading diventano difficili da determinare.

Dato che non possiamo vedere molto avanti durante un periodo di volatilità, è meglio impostare obiettivi vicini e obiettivi di stop-loss - o non fare trading affatto.

Usa i tuoi alt-coin per il trading

La maggior parte degli altcoin perde valore nel tempo. Possono perdere valore gradualmente o rapidamente.

Tuttavia, il fatto che la lista delle prime 20 altcoins sia cambiata così drasticamente negli ultimi anni dice molto.
Considera questo quando aggiungi grandi quantità di altcoin al tuo portafoglio per il medio e lungo termine, e naturalmente, sceglili saggiamente.

Se stai pensando di tenere le altcoin a lungo termine o di costruire un portafoglio di criptovalute a lungo termine, presta molta attenzione al volume di trading giornaliero e conduci un'analisi fondamentale approfondita.

Le altcoin con una comunità fiorente hanno una buona possibilità di sopravvivere a lungo termine.

ICO, IEO e vendite di token

Passiamo alle ICO pubbliche (o IEO, come sono ora conosciute nel 2021): queste sono vendite più token di criptovalute. Molti nuovi progetti scelgono di tenere una crowd-sale, in cui forniscono agli investitori una prima opportunità di acquistare alcuni dei token del progetto ad un prezzo inferiore.

L'incentivo per gli investitori è che quando il token colpisce il mercato, saranno in grado di trarre un profitto considerevole. Molte vendite di token di successo si sono verificate negli ultimi anni, con ROI di 10x non rari.

L'ICO di Augur, per esempio, ha fornito agli investitori un ritorno di 15x. Quindi, qual è la fregatura? Non tutti questi progetti restituiscono un profitto ai loro finanziatori. Molte vendite si sono rivelate delle fregature totali. Non solo non sono state scambiate affatto, ma alcuni progetti sono spariti con i soldi, per non essere mai più visti o sentiti.

Quindi come si fa a sapere se si dovrebbe investire in una particolare vendita di token?

La quantità di denaro che il progetto vuole raccogliere è una considerazione importante. Un progetto che raccoglie troppo poco denaro molto probabilmente non sarà in grado di sviluppare un prodotto funzionante, mentre un progetto che raccoglie troppo denaro probabilmente non avrà abbastanza investitori per acquistare i token sul mercato. L'aspetto più cruciale è la gestione del rischio. Non mettere mai tutte le tue uova in un paniere, ed evitare di mettere troppo del tuo portafoglio in un singolo IEO o ICO. Sono classificate come ad alto rischio.

Commissioni

L'esecuzione di operazioni multiple richiede il pagamento di una commissione più alta. È sempre meglio e meno costoso per un market maker piazzare un nuovo ordine nell'order book piuttosto che comprare dall'order book di una piattaforma di trading.

Non creare pressione

Inizia a fare trading solo quando hai le migliori condizioni per prendere le migliori decisioni, e sappi sempre quando e come fermare il trading se necessario. Il trading inizia con una strategia ben studiata! Se sei sotto pressione, questo influenzerà la tua capacità decisionale. Di conseguenza, non avere mai fretta.

Fissare obiettivi e ordini di vendita

Stabilisci i tuoi obiettivi piazzando ordini di vendita. Non si può mai sapere quando una balena alzerà una moneta per comprare lo stock nel libro degli ordini (e pagare un prezzo più basso sul lato del creatore dell'ordine di vendita).

Comprare le voci, vendere le notizie

Quando i principali telegiornali pubblicano notizie, questo è di solito il momento giusto per vendere la moneta e non per comprarla!

Non dimenticare la legge di Murphy

Hai fatto uno scambio redditizio, ma come è consuetudine, il prezzo sale alle stelle subito dopo la vendita. Non cedere alla tentazione di cambiare lavoro. In altre parole, non soccombere alla **FOMO** (Fear of Missing Out). Starai bene finché ci saranno dei profitti.

Non lasciare che il tuo ego governi i tuoi investimenti

L'obiettivo è ottenere PROFITTO. Non sprecare risorse (tempo e denaro) nel tentativo di dimostrare che avresti dovuto prendere questa o quella posizione. Tieni presente che nessun trader inserisce solo posizioni vincenti. La regola generale è che il numero di operazioni vincenti deve superare il numero di operazioni perse.

Compra quando i prezzi sono bassi

I mercati dell'orso sono a volte i momenti migliori per ottenere un profitto, se la moneta sta scendendo, questo potrebbe significare che è il momento migliore per comprare e ottenere un profitto nel tempo. Ma assicurati che il tuo piano sia solido per il prossimo futuro e che tu abbia qualche idea sul perché il calo dei prezzi sia solo temporaneo.

Acquirenti contro venditori

Consideriamo la seguente azienda ipotetica. Le persone che credono nell'azienda acquistano quante più azioni possibili al prezzo di 10 dollari.

Tuttavia, per poterlo fare, ci devono essere anche persone disposte a vendere le loro azioni a questo prezzo. Di conseguenza, queste persone sono scettiche che il prezzo salirà. Non venderebbero se pensassero che lo farà! Se un azionista vuole vendere le sue azioni, è libero di fissare il suo prezzo.

Supponiamo che qualcuno metta in vendita le sue azioni a 12 dollari l'una, e che altri vogliano comprarle a 10 dollari. In questo caso, entrambe le parti possono accordarsi su un prezzo di 11 dollari e incontrarsi nel mezzo. Dopo il primo giorno di negoziazione, il prezzo della nostra ciambella è di 11 dollari per azione. In molti modi, questo riflette come il mercato percepisce la nostra azienda.

Questo principio si applica alle criptovalute in modo simile.

Se sei un investitore saggio, capisci che non puoi imparare tutto semplicemente guardando il prezzo corrente. Usando i dati storici, puoi stimare il sentimento del mercato. Il prezzo attuale è troppo alto o troppo basso? Qual era il costo all'inizio della giornata

l'anno scorso? C'è stato un calo del prezzo lo scorso
trimestre?

Bitcoin contro Ethereum

Qual è la differenza e quale criptovaluta ha il futuro più promettente?

Prima abbiamo spiegato come Bitcoin ha un enorme potenziale a lungo termine, ma come fa a reggere il confronto con il numero 2. Dovresti investire in entrambe le monete?

Bitcoin ed Ethereum sono le due criptovalute più grandi per capitalizzazione di mercato. I coinvestitori spesso scelgono di tenere solo una delle due nel loro portafoglio. Nonostante questo approccio, queste criptovalute sono ancora molto diverse. Quali sono le maggiori differenze? Perché la gente crede in una e non nell'altra? Alcuni esperti del settore hanno fatto luce sulla questione.

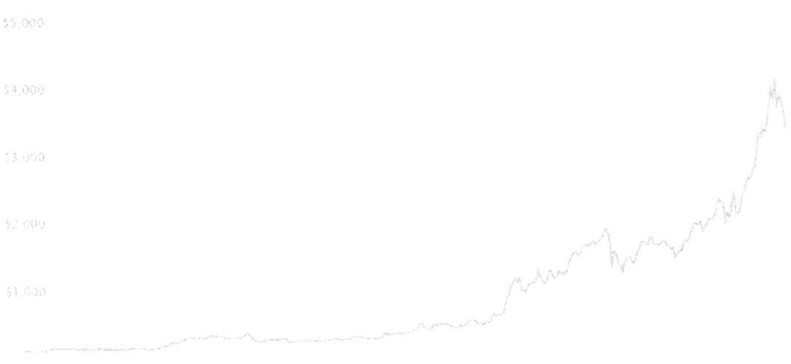

Il bull-run di Ethereum nell'ultimo anno

Il 2021 ha finora dimostrato di essere l'anno di Ethereum. La seconda criptovaluta si sta rapidamente avvicinando alla capitalizzazione di mercato del Bitcoin. Per esempio, con una capitalizzazione di mercato di 501 miliardi di dollari, la moneta ha più valore della banca d'investimento statunitense JP Morgan al momento della scrittura.

Eppure, il più grande sfidante di Bitcoin ha una lunga strada da percorrere se vuole superare la capitalizzazione di mercato di Bitcoin (attualmente a 1.000 miliardi di dollari). Recentemente, 1 Bitcoin valeva un enorme 13,25 Ethereum.

Cos'è esattamente Ethereum?

La moneta Ethereum (ETH) è una delle monete con la maggiore capitalizzazione di mercato. Un'alta capitalizzazione di mercato di solito indica che c'è molta fiducia in una particolare moneta, e la moneta Ethereum, come Bitcoin, ha molta fiducia.

Mentre gli investitori sono scettici sul futuro di Bitcoin, il futuro della moneta Ethereum sembra essere luminoso per il momento. Infatti, il prezzo della moneta Ethereum è aumentato di oltre il 3000 per cento nel 2017.

Naturalmente, la domanda è sempre se vale la pena investire in questa moneta virtuale. Per essere in grado di rispondere a questa domanda da soli, questa pagina spiegherà il principio della moneta. In questo modo potrai farti un'idea di che tipo di moneta è e come si vede il futuro di Ethereum.

In cosa differisce da Bitcoin?

Dove Ripple, per esempio, si concentra sul rendere le transazioni più veloci per il mercato finanziario, la moneta Ethereum si concentra sull'uso delle applicazioni. Il principio della tecnologia Ethereum è quello di creare una situazione in cui le applicazioni possono essere utilizzate senza l'intervento di un'autorità centrale. Le applicazioni che utilizzano questa tecnologia sono anche chiamate DApps (o App decentralizzate). Il vantaggio principale delle applicazioni che utilizzano la tecnologia Ethereum è che fondamentalmente non c'è più perdita di dati, manipolazione dei dati, censura all'interno dell'applicazione o tempi di inattività dell'applicazione.

Il prezzo della valuta Ethereum è determinato da più di una semplice domanda e offerta tra gli investitori. Il prezzo dipende molto di più dall'uso che viene fatto delle DApps. Un gran numero di aziende in tutto il mondo supporta il concetto di Ethereum. Di conseguenza, non è sorprendente che il valore della valuta sia aumentato drasticamente nel 2017.

Nel mercato delle criptovalute, Ethereum è ancora una moneta relativamente nuova. Il prezzo di Ethereum è aumentato costantemente dalla sua nascita nel 2015. Nel 2017, il prezzo di Ethereum è aumentato di oltre il 3000%. Questo aumento è stato facilmente spiegato dal fatto che più aziende internazionali hanno espresso interesse per Ethereum.

Multinazionali come ING, Microsoft, BP e Deloitte, per citarne alcune, hanno già aderito alla Enterprise Ethereum Alliance (una partnership fondata da Ethereum). Le più grandi aziende del mondo sono sempre più interessate a collaborare con Ethereum. Quando più grandi aziende usano la rete Ethereum, più fiducia c'è nella valuta. Una maggiore fiducia, naturalmente, si traduce in un tasso di cambio più elevato.

L'acquisto di monete Ethereum è simile all'acquisto di Bitcoin. Ethereum è collegato a tutti i ben noti "scambi di criptovalute", rendendo estremamente semplice l'acquisto della moneta con altre criptovalute.

L'acquisto di Ethereum è simile all'acquisto di Bitcoin. Ethereum è collegato a tutti i ben noti "scambi di criptovalute", rendendo estremamente semplice l'acquisto della moneta con altre criptovalute.

Le monete Ethereum possono anche essere acquistate con dollari attraverso una serie di fornitori internazionali. Poiché non tutti gli scambi applicano una tassa di transazione ragionevole, è meglio attenersi alle parti più note. Il trucco per acquistare monete Ethereum è, naturalmente, aspettare il momento giusto per comprare. Molti investitori comprano le monete quando sono sul punto di scendere di valore.

La criptovaluta Ethereum è relativamente stabile (per quanto una criptovaluta possa essere stabile). Nonostante il fatto che la moneta sia relativamente stabile, investire in criptovalute è sempre rischioso.

Di conseguenza, investite in Ethereum solo con fondi che potete permettervi di perdere. Molte persone credono che sia necessario acquistare monete Ethereum intere; tuttavia, questo non è il caso. Puoi anche acquistare una mezza moneta o meno.

Le monete Ethereum possono essere depositate utilizzando un portafoglio online o offline. Per il deposito online di monete Ethereum, hai un gran numero di fornitori di portafogli online tra cui scegliere.

Ethereum può essere acquistato online attraverso scambi come Binance. Poiché le monete Ethereum hanno un valore relativamente alto, sempre più persone scelgono di tenere le loro monete al sicuro offline. Puoi anche scegliere tra un portafoglio hardware e un portafoglio mobile.

NFT e Ethereum

Uno dei motivi per cui Ethereum potrebbe vedere un buon aumento di prezzo nei prossimi anni è a causa degli NFT (token non fungibili).

Gli NFT sono diventati selvaggiamente popolari in poco tempo, anche tra gli artisti che sperano di guadagnare qualche spicciolo in tempi di incoronazione. O spiccioli? Alcune opere d'arte NFT passano di mano per milioni.

Il clamore intorno ai token non fungibili sta attirando i nuovi arrivati nel mondo delle criptovalute. Sono curiosi di sapere cosa sono gli NFT o sperano di diventare ricchi velocemente commerciando in arte digitale.

Le vendite di NFT si svolgono principalmente sulla piattaforma Ethereum, come Bitcoin una rete decentralizzata basata sul concetto di blockchain. Ma il solo fatto di avere un portafoglio digitale pieno di ether - una delle criptovalute più popolari - non ti porta a questo.

Se vuoi leggere di più sull'arte NFT e sul trading di NFT puoi controllare il nostro libro sull'argomento.

Riassunto:

- Ethereum è una piattaforma decentralizzata che utilizza la tecnologia blockchain sperimentata dal misterioso Satoshi Nakamoto - uno pseudonimo - creatore di Bitcoin.
- Mentre Bitcoin ha scoperto un modo per trasferire valore digitalmente, direttamente da persona a persona, Ethereum sta adottando un approccio diverso", scrive il sito di nicchia BTC.direct. Si dice che la rete Ethereum sia la base di un nuovo tipo di Internet. È importante notare che l'ecosistema Ethereum serve come base per lo sviluppo di applicazioni decentralizzate (DAPPs) e contratti intelligenti.
- I DAPP sarebbero molto più rispettosi della privacy e sicuri delle attuali applicazioni Internet centralizzate. Sono anche incensurabili.

Come vedono il futuro i grandi investitori di Ethereum?

Tally Greenberg, capo dello sviluppo del business presso la società di software Allnodes ha quanto segue da dire su Ethereum:

Il vantaggio tecnologico e l'utilità dell'ecosistema Ethereum è molto più grande di quello di Bitcoin, e penso che anche gli investitori stiano iniziando a vederlo. Attualmente ci sono più di 75 miliardi di dollari investiti in progetti DeFi sulla blockchain di Ethereum - solo un mese fa erano 40 miliardi di dollari. Solo i contratti intelligenti supportati dalla rete offrono possibilità infinite e dovrebbero essere sufficienti per Ethereum per avere un vantaggio competitivo su Bitcoin".

Steve Ehrlich, CEO e fondatore del brokeraggio di criptovalute Voyager Digital:

"Credo che Ethereum offra prospettive migliori grazie alla sua utilità, funzionalità ed ecosistema". I clienti di Voyager (broker di criptovalute, ndr) che possiedono sia Bitcoin che Ether hanno iniziato a detenere più Ether negli ultimi mesi. Stiamo anche vedendo che i nostri investitori più grandi stanno diventando più a loro agio con il profilo di rischio/ricompensa di Ether. La blockchain di Ethereum sta alimentando l'ecosistema più sviluppato per la finanza decentralizzata e le NFT, che stanno diventando sempre più popolari. Ethereum riceverà anche un -interessante- aggiornamento nel prossimo futuro".

"C'è l'anticipazione che ETH sarà riconosciuto dagli investitori istituzionali", **dice Megan Kaspar, amministratore delegato della società di investimenti cripto Magnetic.**

"Ether, credo, guadagnerà trazione. Quando gli investitori diventeranno consapevoli delle opportunità tecnologiche, i flussi di capitale si sposteranno su Ether. Nel lungo periodo, le analisi tecniche e fondamentali mostrano che Ether ha un potenziale di rialzo più alto di Bitcoin. "

Qual è la differenza tra Bitcoin ed Ethereum?

La rete Ethereum permette agli sviluppatori di costruire le proprie applicazioni decentralizzate; Bitcoin non ha questo.

Un'altra differenza è che il creatore di Ethereum è noto, mentre quello di Bitcoin no.

L'offerta determina il prezzo del Bitcoin (a differenza della valuta fiat, la fornitura di Bitcoin è scarsa e finita). Con Ether, invece, ci sono altri fattori in gioco: per esempio, la rete permette alle start-up di emettere un token per il proprio progetto blockchain.

In questo momento, gli investitori dovrebbero avere sia Bitcoin che Ethereum nei loro portafogli.

Bitcoin ha una forte possibilità di rimanere il principale asset crittografico del mondo, mentre Ethereum ha una forte possibilità di diventare la principale piattaforma di sviluppo software distribuito del mondo.

Di conseguenza, se vuoi ottenere il massimo dal tuo portafoglio, **investi in entrambi ora.**

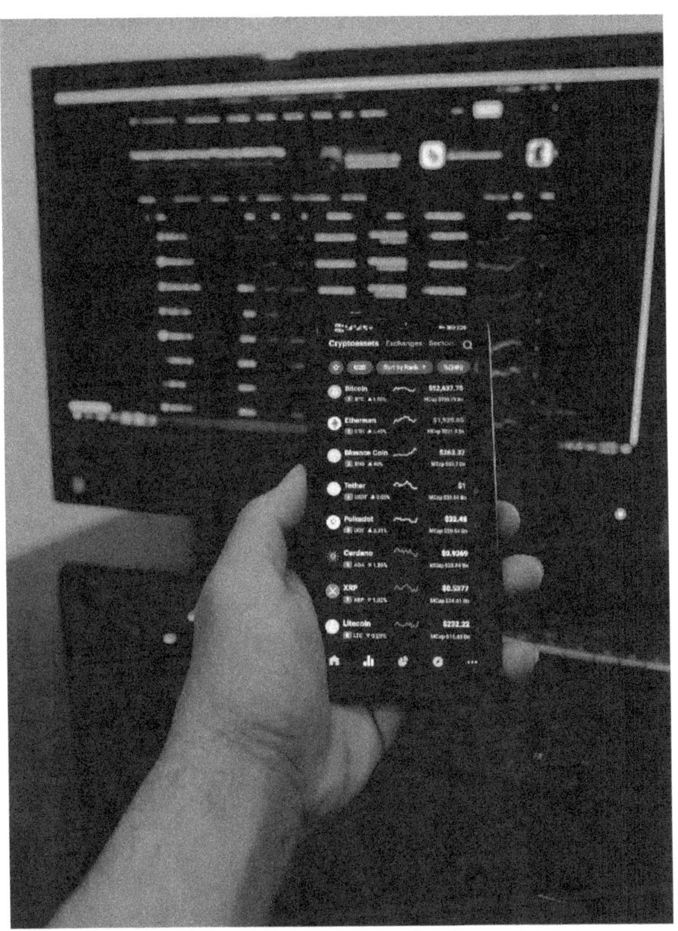

Perché Ripple riceve attenzione?

Oltre al Bitcoin, ci sono una pletora di altre criptovalute che possono essere molto più lucrative in termini di rendimenti del ben noto Bitcoin. Ripple (XRP), è una delle criptovalute con un massiccio market cap. Dalla fine del 2017, il prezzo della valuta Ripple è aumentato drammaticamente, e continua a fluttuare significativamente fino ad oggi.

Vi starete chiedendo: "Il Ripple è una buona moneta su cui investire?". Al fine di fornire una risposta soddisfacente, approfondiremo tutto ciò che riguarda il Ripple in questo capitolo.

Cos'è Ripple?

Cominciamo rispondendo alla domanda: "Cos'è Ripple?" Le criptovalute sono state sviluppate all'indomani della crisi economica, in parte per ridurre l'influenza delle banche sulle transazioni economiche. Mentre la maggior parte delle criptovalute oggi basano ancora i loro profili su questo concetto, la moneta Ripple non lo fa. Ripple, invece, è una moneta centralizzata progettata per consentire alle istituzioni finanziarie (comprese le banche) e alle transazioni internazionali di essere completate più rapidamente.

Ripple sta già lavorando a una soluzione di sistema di pagamento per gran parte del traffico bancario di Santander, Reise Bank, BBVA, Bank of America e

UniCredit, tra gli altri. Hanno già una quota del 40% nel sistema di pagamento per le banche in Asia.

La tecnologia di Ripple dovrebbe suscitare l'interesse di un numero crescente di banche. Di conseguenza, il numero di banche che utilizzeranno questa tecnologia è destinato a crescere rapidamente.

Certo, "accelerare le transazioni internazionali" non suona molto chiaro in questo momento. Il principio della tecnologia Ripple sarà spiegato più dettagliatamente con un breve esempio: C'è una differenza di valuta quando un cliente vuole fare una transazione da una banca spagnola (per esempio, Santander) a una banca americana (per esempio, Bank of America).

Il cliente spagnolo trasferisce l'importo in euro, e questo arriva in dollari alla banca americana. Per effettuare queste transazioni, Santander Bank ha un conto con Bank of America e Bank of America ha un conto con Santander bank, i cosiddetti conti nostro e vostro.

Effettuare un pagamento spagnolo in una banca statunitense richiede molto tempo a causa dei molti collegamenti in questo processo. Ripple si concentra sulla velocizzazione di questo processo, completando le transazioni in valuta Ripple.

Fare un pagamento ora non richiede più diversi giorni, ma solo pochi secondi. Non solo questo riduce i costi di transazione per le banche, ma i clienti delle banche possono anche completare le loro transazioni più velocemente.

61

La causa Ripple

La SEC ha presentato una causa a sorpresa contro Ripple e due dei suoi dirigenti, il co-fondatore Chris Larsen e il CEO Brad Garlinghouse, a dicembre. Il regolatore sostiene che continuare a vendere XRP agli investitori individuali viola le leggi sui titoli.

La SEC spera di rafforzare il suo caso dimostrando che Ripple ha manipolato intenzionalmente l'aspettativa di prezzo della criptovaluta XRP con annunci strategicamente tempestivi.

Finora, l'analisi di Larsen e Garlinghouse dei portafogli di criptovalute ha rivelato che massicce quantità di XRP sono state consegnate a scambi basati sul suolo straniero. Tuttavia, Ripple "non ha consegnato alcun documento di conto delle attività digitali non basato negli Stati Uniti o altrimenti spiegare il significato di questi trasferimenti XRP", secondo la lettera della SEC.

"Anche se la SEC ha anche tentato di ottenere queste informazioni direttamente da Ripple, Ripple ha recentemente informato la SEC che neanche Ripple le ha, lasciando l'unica via di indagine all'estero", spiega la lettera.

Tuttavia, sembra che le indagini non siano iniziate bene, con richieste a nove diversi regolatori stranieri che tornano a mani vuote. Secondo la lettera, due regolatori hanno rifiutato di aiutare, e altri tre hanno rifiutato di permettere alla SEC di pubblicare le loro comunicazioni. Solo un regolatore ha suggerito che la SEC potrebbe usare le conversazioni tra le due parti per rafforzare il suo caso.

Se la corte concede la mozione di Ripple, la SEC sarebbe tenuta a fare richieste di cessazione e desistenza ai regolatori stranieri, terminando effettivamente questa linea di indagine.

11:20
Bitcoin
$36,588.28
-0.02%
$38,769.84

Qual è il prezzo di Ripple?

Ora che abbiamo coperto i fondamentali e le recenti notizie riguardanti la causa contro Ripple, andiamo al fondo della questione: Qual è il prezzo di Ripple? Ripple è stata fondata nel 2012 con l'obiettivo di accelerare le transazioni finanziarie. Mentre il prezzo era inizialmente stabile (basso), dalla fine del 2017 è aumentato significativamente.

Ripple è diventata una società da un miliardo di dollari quasi immediatamente come risultato dell'aumento del prezzo. I proprietari di Ripple gestiscono ancora una grande parte della capacità di mercato, quindi il pubblico ha solo una quantità limitata di capacità di mercato.

L'aumento del prezzo può essere spiegato dal fatto che Ripple ha stipulato un contratto con una serie di grandi clienti nel mondo finanziario. Questi includono clienti come Bank of America e Royal Bank of Scotland. Inoltre, Ripple ha il sostegno di molte multinazionali, tra cui Google. Nel gennaio 2018, il prezzo si è attestato per la prima volta a 3,10 dollari per Ripple.

L'aumento del prezzo può essere spiegato dal fatto che Ripple ha firmato contratti con una serie di grandi clienti finanziari. I clienti includono Bank of America e la Royal Bank of Scotland. Inoltre, Ripple ha l'appoggio di molte multinazionali, tra cui Google. Nel gennaio 2018, il prezzo era di 3,10 dollari per Ripple.

Come comprare Ripple

Sei già un po' eccitato? Allora ti starai chiedendo: dove posso comprare Ripple? All'inizio era difficile comprare Ripple con dollari o euro. Fortunatamente, recentemente sono emerse sempre più opzioni per questo.

Quando si acquistano monete Ripple con dollari, ci sono spesso alte commissioni di transazione. È quindi consigliabile convertire prima i dollari in una valuta digitale più comune (per esempio, Bitcoin (BTC) o Ethereum (ETH) e poi acquistare le monete Ripple attraverso uno scambio come Binance.

Cardano: la moneta intelligente

Cardano si è fatto un nome nel mondo delle valute virtuali in un periodo di tempo relativamente breve. Cardano è già entrato nella top five delle criptovalute all'inizio del 2018. Di conseguenza, la moneta ha già più valore di monete ben note come NEM e Litecoin.

Anche se è impossibile prevedere il futuro di una moneta, gli esperti di criptovalute hanno grandi speranze per la moneta Cardano. Di conseguenza, ci si aspetta che questa moneta superi il secondo posto nel prossimo futuro. Naturalmente, la domanda ora è come spiegare il successo della moneta Cardano.

Il successo di Cardano, secondo i suoi sviluppatori, può essere attribuito al fatto che è l'unica moneta virtuale basata su teorie matematiche accademiche.

Una collaborazione di diverse università internazionali ha portato alla creazione della moneta Cardano. I creatori della moneta Cardano includono rinomati accademici di università come Atene, Edimburgo e Connecticut, tra le altre. La criptovaluta Cardano si basa su una serie di teorie matematiche accademiche (molto apprezzate). Come tale, la moneta prende il nome dal matematico Gerolamo Cardano, uno dei matematici più famosi e influenti della storia.

Certo, una moneta virtuale basata su teorie matematiche suona estremamente intrigante, ma cosa significa in pratica per la qualità della moneta? Il CEO di Cardano è anche l'ex CEO e sviluppatore della criptovaluta Ethereum.

Ha notato che la maggior parte delle nuove criptovalute lanciano nuove monete rapidamente e, di conseguenza, non spendono abbastanza tempo per sviluppare l'intero concetto.

Secondo lui, come risultato di questo, molte monete virtuali finiscono per fare promesse che non possono mantenere nella pratica.

Secondo Charles Hoskinson, questo alla fine porta a meno fiducia nel mercato delle criptovalute nel suo complesso. La moneta Cardano è stata creata per ripristinare questa fiducia.

Cardano impiega un team di accademici per garantire che le promesse fatte per la moneta siano mantenute nella pratica. Le responsabilità all'interno del progetto sono delegate agli accademici che sono esperti in quel campo specifico.

Naturalmente, avere un buon team è fondamentale per una valuta virtuale, ma in definitiva si tratta della tecnologia dietro la moneta. La distinzione principale tra le attuali criptovalute e Cardano è che la moneta Cardano opera sul principio della "verifica formale".

I contratti intelligenti basati sulla "verifica informale" sono sempre più utilizzati con le valute virtuali oggi, spesso risultando in contratti che non sono testati o non funzionano completamente.

Le teorie matematiche sono utilizzate per testare la 'verifica formale' della moneta Cardano. Per garantire la sicurezza della moneta, il team utilizza il linguaggio di programmazione 'Haskell'. Gli esperti considerano Haskell il linguaggio di programmazione più sicuro.

Cardano ha anche creato la propria tecnica 'Ouroboros', che si basa sul noto metodo 'Proof of Stake (POS)'. Il principio della 'Proof of Stake' impone che la moneta, come Bitcoin, non può essere minata. Il principio Proof of Stake afferma che mantenere le monete in un portafoglio aumenta il numero di monete (chiamato anche "staking").

Cardano non è l'unica valuta virtuale che impiega il metodo della 'Prova di puntata'; lo fanno anche monete leader come NEO, Dash e Stratis. Mentre la tecnica è ovviamente estremamente intrigante, pone anche alcuni rischi per la sicurezza. La tecnica Ouroboros di Cardano assicura che questi rischi di sicurezza siano eliminati.

Qual è il prezzo di Cardano?

È stato possibile acquistare Cardano ICO dal 2015, questo periodo si è fermato solo nel gennaio 2017. Per molto tempo, Cardano ha mostrato un prezzo stabile intorno a 0,02 dollari.

Dall'inizio di novembre 2017, il prezzo di Cardano ha mostrato diverse fluttuazioni, un aumento costante era evidente.

All'inizio del 2018, la moneta virtuale ha raggiunto un aumento fenomenale, il valore era allora a oltre 1,21 dollari ciascuno per un breve periodo di tempo.

Anche se la moneta Cardano è ancora considerata una moneta relativamente giovane sul mercato delle criptovalute, sempre più trader di primo piano stanno esprimendo fiducia nel futuro di Cardano. Chiaramente visibile, quindi, è un aumento della capacità di mercato di Cardano.

Come comprare Cardano?

Nel frattempo, siete anche voi convinti di un futuro di successo per Cardano? Allora puoi scegliere di acquistare anche un certo numero di queste monete.

All'inizio del 2021, il prezzo di queste monete oscillerà tra 0,80 e 2,40 dollari l'una, quindi si può già essere investiti per una piccola somma di denaro. L'acquisto di monete Cardano può essere fatto sullo scambio di Binance.

Per poter acquistare Cardano, puoi prima comprare Bitcoin e poi convertirli in Cardano. Tuttavia, oggi è anche possibile acquistare Cardano direttamente.

L'acquisto di questi Bitcoin può essere fatto per esempio attraverso una piattaforma come Coinbase.

Nano

Anche se il nome della moneta può alludere a qualcosa di insignificante, la criptovaluta Nano (NANO, precedentemente conosciuta come RaiBlocks) ha grandi ambizioni di superare l'obiettivo del Bitcoin. Come mezzo di pagamento quotidiano, Nano aspira ad essere un'alternativa sia alle valute fiat che alle criptovalute dominanti. Tali sistemi sono spesso bloccati da vari vincoli tecnologici, ma l'organizzazione di Nano presenta la sua "cura" nell'architettura blockchain, che fornisce transazioni sicure e istantanee senza costi.

Cos'è esattamente il Nano?

Il team Nano si concentra sul Bitcoin nel suo libro bianco come la prima criptovaluta ad ottenere un'ampia accettazione e introdurre il pubblico alla blockchain. Bitcoin, secondo questi sviluppatori, commette diversi peccati importanti che nessuna criptovaluta dovrebbe commettere.

- **La scalabilità è limitata.** Il problema della scalabilità deriva dalla limitata capacità dei blocchi della blockchain di immagazzinare dati. Questo riduce effettivamente il numero di transazioni al secondo che la blockchain può gestire, specialmente quando la tecnologia matura e il numero di utenti sulla piattaforma cresce. Ha anche effettivamente trasformato un posto in un blocco in una "merce", con il costo medio delle transazioni Bitcoin considerato inaccettabile da molti utenti.

- **Lunga latenza.** La latenza computazionale esistente con Bitcoin e altre criptovalute è descritta come eccessiva e una delle cause dei lunghi tempi di conferma. Nano sta cercando di migliorare anche in quest'area.

- **Il consumo di energia è inefficiente.** Per esempio, poiché il modello di consenso Proof of Work (PoW) di Bitcoin richiede una media di 260 kWh per transazione, l'intera rete richiederebbe circa 27 TWh all'anno. Come alternativa, Nano propone di abbandonare i protocolli di consenso distribuito come PoW e Proof of Stake (PoS) e di fornire invece ad ogni utente la propria blockchain. Questo potrebbe ridurre la concorrenza tra i proprietari di sistemi di calcolo e permettere l'uso di quelli meno esigenti per lo stesso scopo.

Tutte queste caratteristiche, quando combinate,
dovrebbero teoricamente fornire alla piattaforma Nano
uno scaling illimitato, così come transazioni più veloci e
fluide e un minor consumo energetico come bonus per
gli utenti.

Questo contribuisce ancora al fatto che Bitcoin è
un'eccellente riserva di valore a lungo termine a causa
delle sue limitazioni tecniche. Tuttavia, come sistema di
pagamento, Nano sarebbe di gran lunga superiore.

Qual è il prezzo di Nano

La capitalizzazione di mercato di Nano è di 247.049.170 dollari a novembre 2018. Entro il 2021, la capitalizzazione di mercato può superare 1.441.775.355 dollari. Il valore attuale è un calo rispetto al massimo storico di oltre 4 miliardi di dollari all'inizio del 2018.

La fornitura totale e circolante di Nano è di 133.248.290 NANO, e non vengono creati nuovi gettoni. Il sistema basato su rubinetti, che ha chiuso nell'ottobre 2017, è stato utilizzato per la distribuzione iniziale dei token. Nano può essere acquistato su scambi di criptovalute come Binance e HitBTC.

Lumen stellari

Jed McCaleb ha fondato sia Stellar Lumens che Ripple, che sono valute digitali. Anche se si basano sulla stessa premessa, non sono la stessa cosa, in quanto Lumens si concentra sull'assistenza agli individui nel trasferimento di denaro piuttosto che alle istituzioni. McCaleb ha adottato un approccio più attivo verso l'uomo comune con Lumens, in contrasto con l'approccio più aziendale del suo predecessore.

La rete Stellar è l'effettiva struttura decentralizzata peer-to-peer, mentre Lumens (XLM) è il token della rete. La rete è stata fondata nel 2014, e a maggio 2021, Stellar Lumens era salito alla 14a posizione tra le criptovalute più popolari. Il prezzo massimo di tutti i tempi di Stellar è stato di 0,93 dollari nel gennaio 2018, ma ora è solo 0,06 dollari.

Qual è lo scopo di Stellar Lumens?

Lumens è stato creato per aiutare le persone a superare le sfide delle transazioni transfrontaliere. I lunghi tempi di transazione e le tasse elevate sono due di questi impedimenti. Lumens ha cercato di alleviare questi problemi per gli utenti residenziali, fornendo un modo rapido ed economico per inviare denaro in tutto il mondo.

I creatori di Stellar Lumens riconoscono che non tutti nel nostro mondo hanno facile accesso ai servizi finanziari, e anche se lo fanno, possono essere proibitivamente costosi. Di conseguenza, il team si impegna a fornire servizi finanziari a chiunque in qualsiasi parte del mondo abbia una connessione internet attiva e alcune risorse hardware di base.

I lumen sono i token che la più grande rete Stellar utilizza per inviare denaro e convertire le valute. La rete è una rete peer-to-peer che è decentralizzata.

I lumen permettono a un tipo di valuta di essere inviato da un peer e ricevuto da un altro come un altro tipo di valuta. Passerà attraverso diverse valute sulla sua strada verso il destinatario. La rete Stellar realizza questo determinando se è disponibile uno scambio diretto di coppie di valute.

In caso contrario, può controllare se la valuta iniziale di un possessore di Lumens è richiesta, e una volta che ha i Lumens, può cercare un numero di Lumens più la valuta finale. Questo permette una semplice transazione di valore tra valute che non hanno una coppia di scambio comune.

Tutto questo è reso possibile dalle "ancore" nella rete Stellar. Le ancore facilitano lo scambio di valuta all'interno della rete, essendo in grado di tenere un deposito e di emettere credito in un'altra valuta. Questo processo è incredibilmente veloce perché tutte le ancore sono sulla stessa rete, la rete Stellar.

Anche se i Lumen hanno un valore intrinseco, la funzione primaria dei token è quella di fungere da ponte tra diverse valute. Come tale, sarebbe utile considerarlo come qualcosa di più di un semplice denaro. La sua capacità di convertire le valute per gli utenti e di farlo rapidamente lo distingue dalle valute fiat standard che sono comunemente indicate come "denaro reale".

IBM ha scelto Stellar Lumens per assistere nello sviluppo di World Wire, che consente alle istituzioni finanziarie di inviare denaro in tutto il mondo a un costo molto più basso e più veloce che mai. Stellar Lumens ha guadagnato credibilità ed esposizione al mondo finanziario tradizionale collaborando con IBM.

Stellar Lumens vale l'investimento?

I Lumen di Stellar non sono estraibili. Stellar, d'altra parte, controlla la fornitura di Lumens. Inizialmente, sono stati creati 100 miliardi di Lumen, con la fornitura che è aumentata dell'1% all'anno per cinque anni fino a quando la comunità Stellar ha votato contro.

Stellar ha seguito il consiglio della comunità e ha dimezzato il numero di Lumen esistenti, a 50 miliardi, giurando di non crearne mai più. Solo circa 20 miliardi di questi 50 miliardi sono ancora in circolazione, con il resto detenuto dalla SDF per lo sviluppo e la promozione.

Le transazioni di Stellar Lumens tra i conti sono condotte utilizzando un protocollo di consenso perché non c'è mining.

Con una grande fornitura di Lumens, un prezzo relativamente basso della moneta, e il fatto che non è considerato una buona riserva di valore, può essere attualmente un investimento rischioso se confrontato con altri asset cripto come Ethereum, Bitcoin e Link.

Tuttavia, se un numero crescente di persone in tutto il mondo inizia a utilizzare i Lumen per trasferire denaro, la storia potrebbe cambiare radicalmente.

Una transazione in Lumen costa 0,00001 XLM, il che la rende estremamente economica. Quando compri i

Lumen attraverso gli scambi online, il sito dove li compri
ti addebiterà una commissione.

Coinbase, per esempio, fa pagare tra 0,99 e 2,99 euro
per ogni acquisto tra 1 e 200 euro. Quando si usa una
carta di debito, c'è un'ulteriore tassa del 3,99%. Scambi
come Kraken hanno commissioni molto più basse, in
genere intorno allo 0,26 per cento, ma queste sono
ancora commissioni aggiuntive in cima alle monete
effettive.

Futures di Binance

Il concetto funziona come segue nel trading di futures, come Binance Future. Si piazza una scommessa su una previsione di prezzo. Di conseguenza, i futures sono un derivato (o una derivata) di una criptovaluta. Il trading di futures sta diventando sempre più popolare per una serie di ragioni importanti. Le ragioni sono le seguenti:

Il trading di futures ti permette di fare un sacco di soldi anche in un mercato in cui i prezzi stanno scendendo.

Lavorare con le leve (leverage) aumenta considerevolmente le opportunità di profitto (e con esse anche il rischio!).

Ci sono altri benefici da menzionare, ma questi due sono di gran lunga i più importanti.

Quando possiedi una criptovaluta, questa aumenta di valore quando i prezzi salgono e diminuisce di valore quando i prezzi scendono. Questo non è un compito difficile. Tuttavia, in un mercato al ribasso, è impossibile trarre profitto da quella criptovaluta. Nel migliore dei casi, puoi vendere tutto a un prezzo massimo, aspettare un calo dei prezzi e poi cercare di comprare a un prezzo minimo.

Tuttavia, il trading di futures ti permette di trarre profitto anche in un mercato al ribasso. Puoi, per esempio, piazzare una scommessa sulla previsione di un calo del prezzo. Se il prezzo scende in futuro, verrai pagato per questo.

D'altra parte, ovviamente, perderai soldi nel momento in cui il previsto calo dei prezzi non avverrà, e i prezzi saliranno.

Il trading di futures vi permette di approfittare del cosiddetto effetto leva. Questo ti permette di moltiplicare gli effetti dei tuoi scambi fino a 125 volte. Questo è anche il motivo per cui il trading di futures in generale è appropriato solo per i commercianti di criptovalute più esperti.

Quando usi la leva finanziaria, questo fattore viene applicato ad ogni dollaro di profitto o perdita che fai. Questo ha molto potenziale, ma anche molto rischio. Di conseguenza, è fondamentale procedere con cautela e lungimiranza.

Potete aumentare l'impatto dei vostri scambi usando la leva. La leva sulle operazioni con i futures può essere impostata tra 1x e 125x. Quindi, se impostate una leva di 20x (l'impostazione standard per i futures), sarete in grado di aprire una posizione di non meno di 200 USDT con 10 USDT.

Questo ti permette di negoziare rapidamente con grandi somme di denaro, ed è per questo che è fondamentale che tu capisca come funziona il processo di liquidazione dietro queste posizioni. Maggiore è la vostra posizione, minore è la leva finanziaria che avete. Altrimenti, è anche vero che più piccola è la tua posizione, più leva hai.

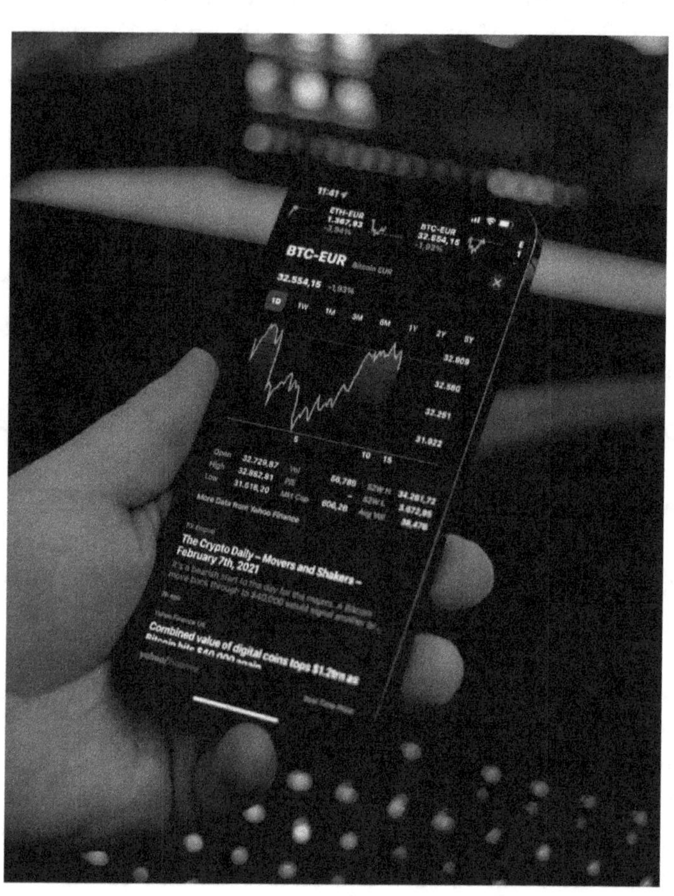

Il rischio di Binance Futures

Se siete stati coinvolti in investimenti su base regolare, sarete consapevoli che investire comporta una certa quantità di rischio. Azioni, obbligazioni, materie prime, contratti futures e criptovalute hanno tutti un valore al momento dell'acquisto che può salire o scendere. Di conseguenza, si parla di rischio di investimento.

Investire in titoli di stato o fondi indicizzati è generalmente meno rischioso che investire in azioni individuali. Il trading di azioni è spesso meno rischioso del trading di criptovalute. Come probabilmente sai, il mercato delle criptovalute è estremamente volatile.

Quando si inizia a fare trading di futures e si aggiunge un fattore di leva, il rischio viene moltiplicato per il fattore di leva. Non per niente il trading di futures è più adatto ai trader più esperti. L'opportunità è senza precedenti, ma lo è anche il rischio.

La regola generale è che maggiore è il rischio, maggiore è il margine di profitto. E viceversa: più basso è il margine di profitto, più basso è il rischio.

Può essere chiaro che il trading di futures apre un nuovo territorio in cui opportunità e minacce sono in agguato. In ogni caso offre opportunità che non avreste sul normale mercato di trading (spot), in parte grazie al principio della leva finanziaria.

Tuttavia, il trading di futures comporta anche un rischio considerevole, per cui non è adatto a tutti i trader. Se il trading di futures è qualcosa che fa per te, dipende fortemente dal tuo profilo di rischio, dall'esperienza che hai acquisito nel trading di criptovalute e dalle conoscenze che possiedi. E naturalmente un fattore di fortuna si applicherà al tuo successo con il trading di Binance Futures.

Solana

Solana è uno degli astri nascenti più veloci del mercato delle criptovalute. Dall'inizio del 2021, l'altcoin è aumentato di quasi 3.000 per cento. Mentre SOL valeva circa 1,50 dollari il 1° gennaio, ora vale più di 40 dollari al momento della scrittura. Perché Solana è aumentato così drammaticamente?

La crescita di Solana è molto probabilmente dovuta alla capacità della rete di gestire un gran numero di transazioni al secondo.

Per esempio, Bitcoin (BTC) può gestire solo 7 transazioni al secondo (TPS) senza l'assistenza di soluzioni layer-2, ed Ethereum (ETH) può gestire solo 15-18 TPS al momento.

Man mano che il mercato si espande, queste reti diventano sempre più congestionate, con un conseguente aumento dei costi di transazione.

SOL è la criptovaluta della blockchain Solana. Viene utilizzata per i seguenti scopi:

Sciopero di Solana: Solana permette ricompense inflazionate per gli utenti che colpiscono SOL in cambio del supporto della rete. Solana è una rete di consenso delegata Proof-of-Stake. In altre parole, i possessori di SOL possono delegare una parte dei loro beni SOL a un validatore, che è incaricato di elaborare le transazioni e gestire la rete.

Spese di transazione: La criptovaluta SOL può essere usata per eseguire contratti intelligenti e transazioni.

Governance: Il token SOL sarà usato per votare su proposte specifiche all'interno della comunità e dell'organizzazione Solana.

Il numero totale di SOL distribuiti è ora superiore a 16.500.000 SOL (3,35%). In questo momento, l'importo totale è di 488.634.933 SOL, di cui 11.365.067 SOL sono stati bruciati (bruciati) sull'importo massimo iniziale di 500.000.000 SOL.

Infatti, SOL ha una politica monetaria deflazionistica in cui la quantità di SOL viene ridotta (bruciata) per rendere più appetibile lo sciopero a lungo termine. La scarsità peggiora nel tempo.

Perché dovresti investire in Solana?

Solana ha già formato partnership tecnologiche innovative con FTX, Arweave, Pocket Network, Fortmatic, dFuse, LoanSnap, Akash, Chainlink, Hummingbot e Civic, tra gli altri. Queste collaborazioni tecnologiche rafforzeranno l'effetto rete di Solona.

Multicoin Capital, Foundation Capital, Distributed Global, CMCC, Blocktower Capital, NGC Capital e Rockaway Ventures sono tra le principali società di venture capital che hanno investito in Solana (SOL).

Se vuoi usare attivamente la rete per sviluppare applicazioni decentralizzate basate su Solana, dovrai avere il SOL. Se vuoi guadagnare SOL gratuitamente e investire nel futuro di Solana, puoi scommettere SOL. Per farlo, però, dovrai prima investire denaro in SOL.

Investire solo con capitale di rischio in SOL che puoi permetterti di perdere. È un progetto nuovo e può certamente fallire. Inizia sempre con una buona comprensione della proposta di valore di Bitcoin prima di investire in altri progetti.

EOS

EOS è stato molto presente nelle notizie di recente, poiché viene spesso paragonato al ben noto Ethereum. Anche se un confronto potrebbe non essere la parola migliore da usare. EOS è già considerato il nuovo Ethereum. Ma perché è così, e chi c'è dietro questa iniziativa?

Scalabilità è un termine usato frequentemente nel mondo delle criptovalute. Bitcoin ed Ethereum sono di gran lunga le monete più popolari, il che crea complicazioni. Le transazioni stanno diventando sempre più difficili da completare a causa del gran numero di utenti. Ethereum rimane più veloce di Bitcoin, ma è ancora molto lento. Questo è particolarmente vero se si considera che Visa, per esempio, può elaborare migliaia di transazioni al secondo.

EOS attualmente si basa sulla rete Ethereum, ma intende crearne una propria. Facendo alcune modifiche, la scalabilità di questa moneta dovrebbe migliorare. L'usabilità è una parola chiave in EOS. Mentre Ethereum richiede lezioni per imparare il linguaggio di programmazione, questa criptovaluta non lo fa.

Dan Larimer

Dan Larimer è il grande nome del progetto, e ha sviluppato diverse tecnologie nel corso degli anni.

Dan è il creatore dei noti progetti Bitshares e Steem. All'epoca, Bitshares era uno scambio rivoluzionario. A parte il fatto che questo scambio era decentralizzato, c'era qualcos'altro. Dan era un pioniere della scalabilità orizzontale, che permetteva milioni di transazioni al secondo. Questo è esattamente ciò che EOS richiedeva, tra le altre cose, per sconfiggere il suo arcirivale Ethereum. Bithares è stato poi sciolto, e Dan si è dedicato ad una nuova impresa.

Era anche la mente dietro Steem. Steem è stato rivoluzionario in quanto ha introdotto una piattaforma di social media basata su blockchain.

Inoltre, la comunità Steem poteva guadagnare denaro sotto forma di Steem Dollars. Ha ridotto i costi di transazione implementando questo. Dopo tutto, gli utenti possono interagire tra loro gratuitamente. Ha abbandonato Steem per concentrarsi su EOS.

Dan desidera incorporare le conoscenze acquisite da questi progetti in questa criptovaluta. Questa moneta dovrebbe rendere semplice per gli utenti creare applicazioni decentralizzate sulla rete EOS. Aumentando la scalabilità, non sono necessarie altre misure, come i cosiddetti hard fork di Bitcoin. Quando si utilizza questa rete, non c'è nemmeno bisogno di pagare le commissioni di transazione.

Dovrebbe essere una rete per tutti, senza dover avere conoscenze tecniche. Oltre alla scalabilità e all'eliminazione dei costi di transazione, Dan vuole adottare un'altra tecnologia. La proof of stake delegata (DPOS), che lui stesso ha introdotto.

Con questo sistema, alcune persone sono designate tramite votazione. Più token EOS qualcuno possiede, più potere di voto ha. Le persone designate possono prendere decisioni riguardanti la rete. Se una persona fa un lavoro sbagliato, può essere estromessa dalla sua posizione.

Tutto dipende dal successo di questo progetto, se questo progetto aumenterà in modo significativo. Il fondatore Dan è in prima linea in questo progetto e dobbiamo prenderlo in parola. Inoltre, è importante che non ci voglia troppo tempo.

EOS deve essere il primo con una rete affidabile e veloce, migliore di quella di Ethereum.

TRON

TRON è attivo dal 2017-08-28. In questo tempo relativamente breve, una quantità enorme di sviluppi è già avvenuta. Il prezzo è determinato dalla domanda e dall'offerta. Tuttavia, c'è un'offerta massima disponibile.

Per questa moneta che è e c'è attualmente solo una fornitura circolante di 71.660.220.128. Se guardiamo il mercato totale delle criptovalute, è a 23 nel mercato totale. Il massimo di tutti i tempi si trova a 0,23 dollari, da questo enorme traguardo è sceso del 49,42%.

Tron è la criptovaluta progettata per far progredire l'industria dell'intrattenimento, del gioco e dei media. È stata fondata da Justin Sun nell'anno 2017 ed è molto adatta per:

- Vendere più facilmente i contenuti che sono ancora in sviluppo

- Tecnologia peer to peer

- Ridurre le commissioni agli intermediari

- Costruire applicazioni decentralizzate

- Memorizzazione dei dati

- Usarlo come mezzo di pagamento per servizi di intrattenimento

Quindi Tron è una blockchain che utilizza tre diversi livelli. Questi livelli sono lo **storage**, il **core** e il livello delle **applicazioni**. Tron utilizza il protocollo protobuf di Google che gli permette di lavorare indirettamente con diversi linguaggi di programmazione. Il team di Tron è composto da consulenti, investitori e sviluppatori esperti. L'obiettivo di Tron è quello di avere tutti i tipi di servizi che utilizzano Tron in modo che tutti possano comprare da esso perché tutti lo hanno.

L'aspettativa di TRX a breve termine è molto difficile da prevedere. Si può concludere che il prezzo di questa valuta è legato alle notizie e agli sviluppi. Quante volte è successo che Elon Musk ha pubblicato un Tweet e l'intero mercato delle criptovalute ha mostrato un movimento.

Questo è uno sviluppo che è effettivamente imprevedibile. ma c'è certamente un grande potenziale per l'applicazione pratica di questa cripto moneta, e per assicurarsi di investire al momento giusto, è saggio tenere d'occhio le notizie che circondano le criptovalute.

Le grandi aziende che si interessano all'applicazione della crittografia nei loro successi commerciali sono spesso una buona indicazione di un aumento di valore.

Chainlink

Chainlink (LINK) come azienda ha l'obiettivo primario di aiutare le aziende ad applicare correttamente la blockchain. Questo può sembrare molto generale, ma hanno una soluzione specifica per questo. Chainlink costruisce oracoli che permettono di caricare informazioni e dati in blockchain e contratti intelligenti. Ad esempio, è possibile collegare un feed live di dati dal meteo nei Paesi Bassi ad altri dati tramite una blockchain. Non sono ancora così lontani, gli oracoli sono ora utilizzati principalmente da aziende che offrono servizi finanziari decentralizzati.

In termini concreti, Chainlink è un'azienda che si manifesta come un fornitore di soluzioni totali nel campo dell'implementazione della blockchain all'interno di grandi aziende o elaboratori di dati. Ora sono sempre più chiamati per applicazioni DeFi e il potenziale dell'azienda sembra quindi enorme.

Il token associato è destinato a premiare gli utenti che mantengono i nodi in funzione e alimentano la rete. Ci sono voci che Chainlink stia sviluppando un metodo per produrre queste monete. Questo significa che si bloccano le monete e si guadagnano interessi su di esse per un periodo di tempo stabilito.

L'oracolo di Chainlink assicura che i dati provenienti da varie fonti (altre blockchain, sistemi di back-end, sistemi di pagamento, dati di mercato, e così via) siano elaborati in modo tale da poter essere utilizzati in una blockchain indipendente.

Chainlink è una piattaforma incentrata sui contratti intelligenti. Si tratta di contratti basati su blockchain che vengono programmati e conclusi. Questo avviene spesso tra due parti, dove il contratto intelligente esamina i dati e le condizioni a cui entrambe le parti sono vincolate.

Se entrambe le parti hanno soddisfatto i loro obblighi contrattuali, il contratto intelligente approverà ed eseguirà automaticamente il contratto. Se il contratto non viene approvato, i soldi di tutti saranno restituiti.

L'emergere e l'utilità di questo contratto intelligente è ciò che rende Chainlink così intrigante.

L'esecuzione di un contratto intelligente è naturalmente molto interessante, soprattutto perché questi sono programmati automaticamente sulla blockchain in base a regole che vengono aggiunte digitalmente al contratto intelligente. Poiché in questo caso tutto è trasparente, non c'è bisogno della fiducia dell'altra parte. Di conseguenza, la fiducia è programmata nella blockchain.

Tuttavia, ci sono degli svantaggi in questo contratto intelligente, perché spesso richiede dati, che devono essere recuperati da aziende o attraverso banche dati. E prima che un tale contratto intelligente possa approvare "accordi e condizioni", i dati devono essere presenti.

È proprio qui che Chainlink aspira ad essere la soluzione. Chainlink ha recentemente sviluppato un Oracle che permette alle aziende e alle istituzioni di connettersi all'Oracle di Chainlink usando una CHIAVE API, permettendo il recupero dei dati.

In precedenza, recuperare questo tipo di dati era possibile solo se l'organizzazione da cui provenivano i dati interveniva.

Di conseguenza, la blockchain non è mai stata veramente decentralizzata. Come risultato della connessione tra il decentralizzato Chainlink Oracle e la controparte, ogni contratto intelligente può essere controllato senza il coinvolgimento di una terza parte.

Ovviamente, il team di marketing non ha passato molto tempo ad agonizzare sul nome del token, ma è risultato essere un nome accattivante, diciamo.

Allo stesso tempo, LINK non ha bisogno di marketing per guadagnare attenzione. Un ritorno del 730 per cento nei primi tre trimestri del 2019 ha attirato molta attenzione nel settore delle criptovalute.

Quando hai successo come LINK, il mondo parla di te indipendentemente dal tempo e dallo sforzo che metti nel marketing della tua criptovaluta.

Chainlink è il classico esempio di una ICO che è andata incredibilmente bene. Sia per la società Chainlink che per il token LINK, e naturalmente per tutti gli investitori che hanno messo insieme i milioni iniziali sul tavolo. Se aveste partecipato per 100 euro nel 2017? Allora oggi avresti guadagnato solo 3.700 dollari. Non male, vero? Il prezzo delle azioni di Chainlink è passato da 0,09 centesimi a oltre 5 dollari.

E anche se i risultati passati non sono una garanzia per il futuro, il potenziale per Chainlink (e con esso anche LINK) è illimitato. Mentre sempre più aziende investono in blockchain e cercano soluzioni per integrare i loro set di dati con quelli di altre aziende, la soluzione oracolo di Chainlink si rivelerà incredibilmente inventiva.

E man mano che la tecnologia di Chainlink diventa più popolare, sono necessari più operatori di nodi. Più operatori di nodi sono necessari, più vengono pagati insieme. E più vengono pagati insieme, più ci sarà domanda per LINK.

Conclusione

A questo punto dovresti avere una buona idea di come condurre la tua valutazione del rischio quando si tratta di investire in criptovalute. E, prima di iniziare, assicurati di avere un piano, di fare le tue ricerche e di essere ansioso di conoscere il valore della moneta in cui vuoi investire.

Una delle regole più importanti dell'investimento è quella di istruirsi sulla pubblicità prima di iniziare. Invece di pagare il profitto di qualcun altro con il prossimo schema di pump and dump, assicurati che il tuo investimento sia calcolato.

E, se vuoi fare enormi profitti con il day trading, facendo soldi veri dagli schemi di pump and dump menzionati in precedenza, assicurati di avere una fonte affidabile di informazioni. Ci sono numerosi gruppi di investimento gratuiti e a pagamento che possono fornirti solide intuizioni sulle monete con un alto potenziale di trading a breve termine.

Se ti piace il suono di un approccio ad alto rischio e alta ricompensa alle criptovalute, il trading di Binance Futures potrebbe essere un'opzione.

Fateci sapere cosa ne pensate del libro, e se si è rivelato utile, per favore lasciateci una recensione in modo che anche altri possano beneficiarne.

Grazie per aver letto il nostro libro, e buona fortuna per i vostri futuri investimenti!

I nostri libri

Dai un'occhiata al nostro altro libro per saperne di più sugli NFT, il trading e la vendita di NFT, come trarre profitto e i consigli e le strategie essenziali per un inizio a prova di fallimento nell'universo NFT.

Unisciti all'esclusivo circolo editoriale di Stellar Moon!

Avrai accesso immediato alla mailing list con gli aggiornamenti dei nostri esperti ogni settimana!

Iscriviti qui oggi:

https://campsite.bio/stellarmoonpublishing

100